NOCH 'N GEDICHT

HEINZ ERHARDT

NOCH 'N GEDICHT

fackelträger

Überarbeitete Neuauflage
2. Auflage 7.–15. Tausend

Würzburger Straße 14, 26121 Oldenburg
Gesamtherstellung: Clausen & Bosse, Leck
Printed in Germany

ISBN 3-7716-2165-8

INHALT

Zugeeignet all denen,
die Sinn
für Unsinn haben

Der Geiger

Unterm Arm die Violine,
auf dem Haupte Brillantine,
so besteigt mit ernster Miene
er die kunstdurchseuchte Bühne.
Mit den Haaren von dem Pferde
streicht er, weit entrückt der Erde,
voll Gefühl und Herzenswärme
über straff gespannte Därme.
Und der Lauscher dieser Handlung
denkt, infolge inn'rer Wandlung,
an die Pfoten grauer Katzen:
Auch ein Geiger kann gut kratzen!

Die Tänzerin

Erst tanzt sie nach rechts, dann tanzt sie nach links,
dann bleibt sie in der Mitte.
Dann tanzt sie nach links und wieder nach rechts,
sie hat so ihre Schritte.
Dann hebt sie den Arm, dann senkt sie das Haupt,
voll Schmerz sind ihre Züge.
Dann hebt sie das Haupt, dann senkt sie den Arm,
sie tanzt „Die fromme Lüge“.
Dann geht sie zurück und dann geht sie vor,
sehr schön ist dieser Vorgang.
Dann reißt sie sich hoch und dann fällt sie hin,
und dann fällt auch der Vorhang.

In vier Zeilen

(Erste Folge)

Ich wälze nicht schwere Probleme
und spreche nicht über die Zeit.
Ich weiß nicht, wohin ich dann käme,
ich weiß nur, ich käme nicht weit.

„Ich hol vom Himmel dir die Sterne“,
so schwören wir den Frauen gerne.
Doch nur am Anfang! Später holen
wir nicht mal aus dem Keller Kohlen.

Voller Sanftmut sind die Mienen
und voll Güte ist die Seele,
sie sind stets bereit zu dienen,
deshalb nennt man sie Kamele.

Ein Nasshorn und ein Trockenhorn
spazierten durch die Wüste,
da stolperte das Trockenhorn,
unds Nasshorn sagte: „Siehste!“

Ich finde solche, die von ihrem Geld erzählen
und solche, die mit ihrem Geiste protzen
und solche, die erst beten und dann stehlen,
ich finde solche, Sie verzeihn, zum Kotzen.

Es soll manchen Dichter geben,
der muss dichten um zu leben.
Ist das immer so? Mitnichten,
manche leben, um zu dichten.

Wenn die Opern dich umbrausen
mit Getön,
dann genieße auch die Pausen:
Sie sind schön.

Manche Dichter gibt es, die be-
nötigen der Sachen vier:
einen guten Reim auf Liebe,
Feder, Tinte und Papier.

Die Sängerin

Reihen, Stühle, braune, harte.
Eintritt gegen Eintrittskarte.
Damen viel. Vom Puder blasse.
Und Programme an der Kasse.
Einer drückt. Die erste Glocke.
Sängerin rückt an der Locke.

Leute strömen. Manche kenn ich.
Garderobe fünfzig Pfennig.
Wieder drückt man. Zweite Glocke.
Der Begleiter glättet Socke.
Kritiker erscheint und setzt sich.
Einer stolpert und verletzt sich.

Sängerin macht mi-mi-mi.
Impresario tröstet sie.
Dritte Glocke. Schrill und herrisch.
Sie erscheint. Man klatscht wie närrisch.
Jemand reicht ihr zwei Buketts.
Dankbarkeit für Freibilletts.

Und sie zuckt leis mit den Lippen.
Beugt sich vor, als wollt sie kippen.
Nickt. Der Pianist macht Töne.
Sängerin zeigt weiße Zähne.
Öffnet zögernd dann den Mund.
Erst oval. Allmählich rund.

Und - mithilfe ihrer Lungen
hat sie hoch und laut gesungen.
Sie sang Schumann, Lincke, Brahms.
Der Beginn war acht Uhr ahms.
Und um elf geht man dann bebend,
aber froh, dass man noch lebend,
heimwärts. Legt sich müde nieder. – – –
Morgen singt die Dame wieder.

Tirili, piit-piit

Die Lerche schwingt sich in den Äther
und singt das Liedchen ihrer Väter:
Tirili, piit-piit.
Ists an der Oder oder Elbe,
der Text ist überall derselbe:
Tirili, piit-piit.
Vom allerersten Sonnenschimmer
bis zu dem letzten singt sie immer:
Tirili, piit-piit.
Wirds Abend, steigt sie müde nieder
und steckt das Köpfchen ins Gefieder:
Tirili, piit-piit.
Wirds wieder Tag, weckt sie die Schwestern,
schwingt sich empor und singt wie gestern:
Tirili, piit-piit.

Der Bach

(Dem gleichnamigen Komponisten gewidmet)

Tagtäglich fließt der Bach durchs Tal.
Mal fließt er breit, mal fließt er schmal.
Er steht nie still, auch sonntags nicht,
und wenn mal heiß die Sonne sticht,
kann man in seine kühlen Fluten fassen.
Man kanns aber auch bleiben lassen.

Der Spatz

Es war einmal ein grauer Spatz,
der saß ganz oben auf dem Dache,
und unten hielt die Miezekatz
schon seit geraumer Weile Wache.
Da sagte sich das Spätzlein keck:
„Mich kann das Biest nicht überlisten!“
Bums, kam ein Habicht um die Eck
und holte sich den Optimisten. –
So kann es allen denen gehn,
die glauben, nur sie wär'n die Schlauen.
Man darf nicht nur nach unten sehn,
man muss auch mal nach oben schauen!

Meine Tante

In dem Land, wo die Fakire
tagelang auf Nägeln sitzen,
und wo ziemlich wilde Tiere
durch den dichten Urwald flitzen,
und wo Elefanten leben,
hat man selten Tanten leben.
Meine aber wohnt in Indien,
und von ihr will ich verkündien.

Sie bewohnt dort eine Villa,
die die Palmen ganz verdecken.
Neulich kam mal ein Gorilla,
meine Tante zu erschrecken.
Aber als er sie gefunden,
kriegt ern Schreck – und war verschwunden!
Reize hat sie nicht, 's ist richtig,
aber Geld, und das ist wichtig.

Abends badet um halb sechse
sie im Quell, sich zu erquicken,
und die tropischen Gewächse
schützen sie vor fremden Blicken.
Mit des Quells geduld'gen Wellen
wäscht sie sich an allen Stellen,
hüllt sich dann in weißes Linnen,
niest ganz kurz und geht von hinnen.

An die Bienen

Bienen! Immen! Sumseriche!
Wer sich je mit euch vergliche,
der verdient, dass man ihn töte!
Dass zumindest er erröte!
Denn, wie ihr in Tal und Berg schafft
ohne Zutun der Gewerkschaft,
ohne dass man euch bezahle,
ohne Streik und Lohnspirale,
täglich, stündlich drauf bedacht,
dass ihr für uns Honig macht,
ihr seids wert, dass man euch ehre!
Wobei vorzuschlagen wäre –
ob nun alt ihr, ob Novizen –
euch von heute ab zu siezen!

Unser Dank, unser Applaus
säh in etwa dann so aus:
„Sehr geehrte Honigbienen!
Wir Verbraucher danken Ihnen!“

Die Kuh

Auf der saftig grünen Wiese
weidet ausgerechnet diese
eine Kuh, eine Kuh.

Ach, ihr Herz ist voller Sehnen
und im Auge schimmern Tränen
ab und zu, ab und zu.

Was ihr schmeckte, wiederkaut se
mit der Schnauze, dann verdaut se
und macht Muh, und macht Muh.

Träumend und das Maul bewegend
schaut sie dämlich in die Gegend
grad wie du, grad wie du.

Bel Ami

Etwas, was uns in dem Leben
jedes Mal mit Recht missfällt,
das ist das, wenn in der Neben-
wohnung eine Hündin bellt.
Ich ging also hin und schellte;
doch ich klagte ohne Grund,
denn was da so dauernd bellte,
war nicht Hündin, sondern Hund.
Hieß Ami und war ein Dober-
mann vom Scheitel bis zum Schwanz
und gehörte einem Ober-
lehrer. (An der Türe stands.)
Der Ami war so bescheiden
und so lieb, dass ich verzieh:
„Lieber Freund, ich mag dich leiden,
wenn du willst, dann bell, Ami."

Knabe mit erkältetem Käfer

Auf meiner linken Schulter sitzt
ein Käfer, rot mit schwarzen Tupfen.
Er ist vom Fliegen ganz erhitzt,
nun kriegt er sicher einen Schnupfen.
Ich nehm ihn in die Hand und renn
mit nach Haus über die Wiesen.
Er muss sofort ins Warme, denn
ich höre ihn bereits schon niesen.

Die Made

Hinter eines Baumes Rinde
wohnt die Made mit dem Kinde.

Sie ist Witwe, denn der Gatte,
den sie hatte, fiel vom Blatte.
Diente so auf diese Weise
einer Ameise als Speise.

Eines Morgens sprach die Made:
„Liebes Kind, ich sehe grade,
drüben gibt es frischen Kohl,
den ich hol. So leb denn wohl!
Halt, noch eins! Denk, was geschah,
geh nicht aus, denk an Papa!“

Also sprach sie und entwich. –
Made junior aber schlich
hinterdrein; doch das war schlecht!
Denn schon kam ein bunter Specht
und verschlang die kleine fade
Made ohne Gnade. Schade!

Hinter eines Baumes Rinde
ruft die Made nach dem Kinde ...

Nächstenliebe

Die Nächstenliebe leugnet keiner,
doch ist sie oft nur leerer Wahn,
das merkst am besten du in einer
stark überfüllten Straßenbahn.
Du wirst geschoben und musst schieben,
der Strom der Menge reißt dich mit.
Wie kannst du da den Nächsten lieben,
wenn er dir auf die Füße tritt?!

Die Gardinenpredigt

An den blumigen Gardinen
hängen Reste deiner Predigt,
und seitdem du sie gehalten,
bin ich für die Welt erledigt.
Einsam schleich ich durch die Landschaft.
Und der Schwager und die Nichten
zeigen nun auf mich mit Fingern,
statt mich wieder aufzurichten.
Bis zur nächsten großen Wäsche
muss ich meine Wohnung meiden,
denn ich kann diese Gardinen,
die geblümten, nicht mehr leiden.

Du widerwärtiger und egoistischer Mensch!

Auf den Tod meines Hundes

Auf dem Berge steht ein Häuschen,
um das Häuschen ist ein Garten,
und am Zaun vor diesem Garten
wars, wo wir den Hund verscharrten.
Ach, er starb an einer Gräte,
die im Hals beim Atmen störte,
und die ja, genau genommen,
da auch gar nicht hingehörte.
Und nun stehe ich am Grabe,
pflanz Vergissmeinnicht und bete.
Von dem Kirchturm schlägt es sieben,
von dem Schellfisch war die Gräte.

Der verstimmte Elefant

Jede Mücke hat den kleinen
Rüssel, der so oft und gerne sticht,
auch der Elefant hat einen,
aber stechen kann er damit nicht.
Deshalb ist auch unser Riese
leider immer irgendwie verstimmt,
grade so als ob er diese
Schwäche seinem Schöpfer übel nimmt.

An einen Kollegen

Kennst du das große graue Haus
da draußen vor der Stadt?
Bist du erst drin, kommst du nicht raus,
weil alles Gitter hat.
Hat nie dein Herz vor Ängsten laut,
gingst du vorbei, gepocht?
Sei ruhig, wer nur Pointen klaut,
der wird nicht eingelocht!

Abendlied

Die Nacht bedeckt die Dächer,
und in dem Aschenbecher
verlöscht die Zigarette.

Es ruhn fast alle Räder.
Der Tag verging wie jeder,
als Glied in einer Kette.

Ich höre Eulen singen
und sehne mich nach Dingen,
die ich so gerne hätte.

Und von dem vielen Sehnen
bekomme ich das Gähnen – – –
gut Nacht, ich geh zu Bette.

Dünne Luft

Ich sitz in fast viertausend Meter Höhe,
doch meine Stimmung ist so ziemlich down ...
Die Luft ist dünn, das macht ganz schrecklich müde –
den Zustand merken Sie an diesem Liede:
mir ist, als wär vor meinem Kopf ein Zaun ...

Doch ohne Zaun klafft dicht vor mir ein Abgrund!
Ist er es wert, dass man ihn überhaupt erwähnt?!
Nun, ich schreib dies Gedicht hin als Etüde ...
Die dünne Luft macht wirklich einen müde –
sogar der Abgrund gähnt ...!

Die Eule

Eine Eule saß und stierte
auf dem Aste einer Euche.
Ich stand drunter und bedachte,
ob die Eule wohl entfleuche,
wenn ich itzt ein Steunchen nähme
und es ihr entgegenschleuder?
Dieses tat ich. Aber siehe,
sie saß da und flog nicht weiter.
Deshalb passt auf sie die Zeule:

Eule mit Weule!

Das Fischchen

Ein Fischchen einst im Wasser saß
und von dem Wasser wurd es nass,
das Fischchen.
Das Fischchen wollt gern trocken sein,
doch hatte es kein Handtuch, nein,
das Fischchen.
Da sprang das Fischchen, hops, an Land
und drehte sich paar Mal im Sand,
und als dann kam das Morgenrot,
wars Fischchen trocken – aber tot.
Das Fischchen.

Der König Erl

(Frei nach Johann Wolfgang von Frankfurt)

Wer reitet so spät durch Wind und Nacht?
Es ist der Vater. Es ist gleich acht.
Im Arm den Knaben er wohl hält,
er hält ihn warm, denn er ist erkält'.
Halb drei, halb fünf. Es wird schon hell.
Noch immer reitet der Vater schnell.
Erreicht den Hof mit Müh und Not –
der Knabe lebt, das Pferd ist tot!

Löwenzahn

Löwenzahn ist schon seit jeher
als höchst kriegerisch verschrieen,
denn er lässt bei gutem Winde
Fallschirmtruppen feindwärts ziehen.
Und ich sitz auf der Veranda
und verzehre meine Suppe
und entdecke in derselben
zwei Versprengte dieser Truppe.

Das Fenster

Es traf sich so, dass sie sich trafen.
Er fragte, ob –, sie sagte: „Nein,
es geht nicht, meine Eltern schlafen!“
Dann ließ sie ihn zum Fenster rein.

Doch als sie sprach: „Geliebter Gangster,
wir sind verlobt, nun bist du mein“,
schlug er von innen erst ihr Fenster
und dann den Weg nach Hause ein.

Das Steckenpferd

Der eine liebt Konkretes nur,
der andre das Abstrakte,
der Dritte schwärmt für die Natur
und deshalb für das Nackte.
Der Vierte mag nur Fleisch vom Schwein,
der Fünfte Milch und Eier,
der Sechste liebt den Moselwein,
der Siebte Fräulein Meier.
Für jeden gibt es was von Wert,
für das er lebt und streitet,
und jeder hat sein Steckenpferd,
auf dem er immer reitet.

Die Katze

Die Katze hat ein gelbes Fell
und sitzt auf meinem Schoße.
Sie mag gern Fisch und eventuell
auch Schmorbraten mit Soße.

Auch fängt sie Mäuse dann und wann
und ab und zu – was seh ich! –
mal einen Vogel, doch nur dann,
wenn er des Flugs nicht fähig.

Oft bleibt sie meiner Kate fern;
dann weilt sie gegenüber.
Sie hat zwar meine Kate gern;
doch ist ihrn Kater lieber.

Esst mehr Fisch

Das Meer reicht bis zum Strande
und dann verläufts im Sande
ganz plötzlich und abrupt.

In ihm gibts viele Fische,
die essen wir bei Tische
gekocht und abgeschuppt.

Doch wozu gibts die Gräten?
Sie wären nicht vonnöten,
sie schmälern den Genuss.

Denn bleibt mal eine stecken,
so kann man leicht verrecken –
viel eher, als man muss!

Die Libelle

Liebe Libelle,
flieg nicht so schnelle!
Denk der Gefahren,
die deiner harren:
Bäume und Zäune,
Äste und Steine
auf allen Wegen!
Du fliegst dagegen!!!
Mit gebrochenen Gliedern
liegst du im Staube.
Dann kommt der Herbst,
du vermoderst im Laube ...

Oder ein Vogel
wird dich erhaschen,
wird dich zerbeißen
und hastig vernaschen ...

Oder ein Forscher
mit seinem Netze!
Erst tut er sachte,
dass nichts er verletze,
und freut sich stolz seines Besitzes!
Zu Hause jedoch nimmt er was Spitzes
und stichts dann
durch deine weichste Stelle:
arme Libelle!

Flieg nicht so schnelle,
genieße die Stunden,
vielleicht nur Sekunden,
die dir zum Leben
gegeben!

Scheint warm die Sonne:
Freu dich des Lichts!
Füllt Regen die Bäche,
hast du vom Leben nichts –
im Gegensatz zur Forelle!

Liebe Libelle ....

Dichter und Bauer

Es hat der junge Dichter
für heut genug gereimt,
drum löscht er alle Lichter,
legt sich ins Bett und träumt.
Er träumt von einer Mauer,
die ihm die Sicht verdirbt
und dann von einem Bauer,
in dem ein Vogel stirbt.

Bei Opa

Der Opa ist ein frommer Mann
und liest in seiner Bibel.
Die Oma schneidet nebenan
fürs Abendbrot die Zwiebel.
Der Opa ist ein frommer Mann
und weint ob seiner Sünden.
Auch Omama weint nebenan,
jedoch aus andern Gründen.

Humanistisches Frühlingslied

Amsel, Drossel, Star und Fink
singen Lieder vom Frühlink,
machen recht viel Federlesens
von der Gegenwart, dem Präsens.

Krokus, Maiglöckchen und Kressen
haben längst den Schnee vergessen,
auch das winzigste Insekt
denkt nicht mehr ans Imperfekt.

Hase, Hering, Kuh und Lachs,
Elke, Inge, Fritz und Max –
alles, alles freut sich nur
an dem Jetzt. Und aufs Futur.

Perpetuum mobile

Und der Herbststurm treibt die Blätter,
die ganz welk sind, vor sich her,
und es ist so schlechtes Wetter –
ach, wenns doch schon Winter wär!
Und es fallen weiße Flocken,
zwanzig Grad sind es und mehr,
und man friert in seinen Socken –
ach, wenns doch schon Frühling wär!
Und der Schnee schmilzt auf den Gassen,
und der Frühling kommt vom Meer,
einsam ist man und verlassen –
ach, wenns doch schon Sommer wär!
Und dann wird es schließlich Juli,
und die Arbeit fällt so schwer,
denn man transpiriert wien Kuli –
ach, wenn es doch Herbst schon wär!
usw. usw.

Ein Kinderlied

Eiapopeia, was raschelt im Stroh?
Das sind die lieben Mäuschen, die freuen sich so,
denn die Katze ist krank. Nun ringeln sies
Schwänzchen
und heben das Köpfchen und machen ein Tänzchen,
drum raschelts auch so in dem Stroh.
Eiapopeia, eiapopo.

Grossmamas Lied

Ich sitze da und stricke Strumpf. –
Und unterm Hause ist ein Sumpf.
Drum steht das Haus nach vorn geneigt,
so wie ein Geiger, wenn er geigt.
Ich seh Musik ganz in der Ferne
und höre über mir die Sterne,
das klingt in meinem Kopf so dumpf.
Ich sitze da und stricke Strumpf. –

Papis Wiegenlied

Schlafe ein, mein Schätzchen,
und träum von einem Kätzchen,
von Püppchen, bunten Steinchen,
schlafe ein, schlaf, Kleinchen!
Schlafe ein, mein Bübchen,
ein Engel geht durchs Stübchen
ganz leis auf nackten Beinchen,
schlafe ein, schlaf, Kleinchen!
Während nun der gute Mond am Himmel lacht,
sitzt dein Papi hier am Bettchen und bewacht
dich, mein holdes Schätzchen.
Es schlafen schon die Kätzchen,
die Püppchen und die Steinchen,
schlafe ein, schlaf einchen!

Der Berg

Hätte man sämtliche Berge der ganzen Welt
zusammengetragen und übereinander gestellt,
und wäre zu Füßen dieses Massivs
ein riesiges Meer, ein breites und tief's,
und stürzte dann unter Donnern und Blitzen
der Berg in dieses Meer – na, das würd
spritzen!

Bilanz

Wir hatten manchen Weg zurückgelegt,
wir beide, Hand in Hand.
Wir schufteten und schufen unentwegt
und bauten nie auf Sand.
Wir meisterten sofort, was uns erregt,
mit Herz und mit Verstand.
Wenn man sich das so richtig überlegt,
dann war das allerhand.

Erkenntnis

Man hat vor Jahren festgestellt,
dass unsre liebe, schöne Welt,
auf der wir leben, nicht nur bunt ist,
nein, dass sie außerdem auch rund ist.
Und deshalb sind wir in der Lage
– sowohl bei Nacht als auch bei Tage –
von einer Erdhälfte zur andern
zu fliegen, schwimmen oder wandern,
was ganz unmöglich wär beileibe,
wär' unsre Erde nur 'ne Scheibe.

Wobei, wie ihr es sicher wisst,
auf Erden alles Schei – be ist!

Der Brummer

Der Brummer, der mich so geplagt
und den ich hundertmal gejagt
und den ich niemals kriegen konnte,
weil er ja leider fliegen konnte,
und der mir manchen Schlaf verdorben,
der Brummer ist, gottlob, verstorben.
Er starb an Bauchweh und Migräne. –
De mortuis nil nisi bene!

Die Q

Die Q ist, allgemein betrachtet,
derart beliebt und auch geachtet,
dass einst ein hoch gelahrter Mann
für unsre Q das „Q“ ersann.
So bleibt sie nun, ewig beredt,
als Buchstabe im Alphabet. –
Mich wunderts nur, dass manche Kreise
abhold sind dieser Schreibeweise.

Die Polizei im Wandel der Zeiten

Solange wir Menschen auf Erden leben,
hat es schon immer Polizei gegeben!

Es ist ja bekannt, dass der erste Polizist
der Erzengel Gabriel gewesen ist.
Er hat uns, so steht es im Buche geschrieben,
eines Apfels wegen aus dem Paradiese vertrieben.
Seitdem fühlt die Polizei – grad bei Kleinigkeiten –
sich bemüßigt, gar strenge einzuschreiten!
Schon im alten Rom – so vor 2000 Jahren –
wurde manchmal etwas zu schnell gefahren,
also wars klar, dass der uniformierte
Beamte sich erst mal die Nummer notierte.
Dann drohte er mit erhobenem Finger
und sagte: „Na, Sie machen ja schöne Dinger!"
Hierbei bediente er sich, wie alle Einwohner Roms,
natürlich des lateinischen Idioms.

Die Jahrhunderte waren dahingegangen
und das 20. hatte angefangen!
Es wuchs die Bildung, der Schnurrbart,
die Gartenlaube,
es wuchs aber auch die Pickelhaube!
Es hagelte Schimpfe und Strafmandate:
Die Polizei war ein richtiger Staat im Staate!
Und die Bürger sagten zwischen Weinen und Lachen:
„Nee, mit dem Staat ist kein Staat zu machen!"
Das 2. und 3. Reich waren zerronnen!
Es war alles verloren – nur eines gewonnen,
nämlich die Überzeugung: Es muss hier auf Erden
alles – auch die Polizei muss anders werden!
Sie hat sich entbartet, sie hat sich entpickelt,
sie hat sich zum Freunde und Helfer entwickelt!
Hilft freundschaftlich tragen des Bürgers Last:
Sie fasst nicht mehr fest – sie fässt nur noch fast!!

Sie drückt oft ein Auge zu bei kleinen Vergehn,
von den vielen Ausnahmen natürlich abgesehn!

Beethovens Totenmaske

Durch die Glastür zum Alkoven
scheint der Mond mit weißem Licht.
Ausgerechnet dem Beethoven
scheint er mitten ins Gesicht.
Nicht einmal sein Aug beschatten
kann der große Komponist.
Man ist hilflos und verraten,
wenn man mal gestorben ist.

Wahrheit

Die schlechtesten Bücher sind es nicht,
an denen Würmer nagen,
die schlechtesten Nasen sind es nicht,
die eine Brille tragen.
Die schlechtesten Menschen sind es nicht,
die dir die Wahrheit sagen.

Mein Freund

Er war als Kind oft krank gewesen,
mein Freund, des Grafen Bamm sein Sohn.
Kaum war er von dem Mumps genesen,
bumps, hatte er die Masern schon.
Dann Scharlach, Diphterie und Pocken,
mal brach er Speise, mal das Bein,
und ging er ohne Schuh und Socken,
so stellte sich gleich Grippe ein.

Die Viren lagen ständig auf der Lauer!
Mein Freund verlor gewaltig an Gewicht.
Er wurde langsam, aber sicher sauer
und starb. – Wer tät' das nicht? ...

Der Kabeljau

Das Meer ist weit, das Meer ist blau,
im Wasser schwimmt ein Kabeljau.
Da kömmt ein Hai von ungefähr,
ich glaub von links, ich weiß nicht mehr,
verschluckt den Fisch mit Haut und Haar,
das ist zwar traurig, aber wahr. –
Das Meer ist weit, das Meer ist blau,
im Wasser schwimmt kein Kabeljau.

Ente gut, alles gut

Eine Ente sitzt im Schilfe
und im Boot der Jägersmann.
Gibts denn niemand, der da Hilfe
unsrer Ente bringen kann?
Schon sieht man den Hahn ihn spannen,
bums!, das Schrot kracht mit Getöse,
und - die Ente fliegt von dannen.
Sie ist heiter, er ist böse.

Zweifel

Nein, nicht jeder Filmakteur
treibt mit dem Talent Verschwendung,
und nicht jeder Fernsehstar
glaubt an sich und seine Sendung.

Mancher Ofen heizt die Luft
überm Haus und drinnen rußt er,
mancher wird ein Diplomat
und bleibt trotzdem nur ein Schuster.

Mancher Käpt'n, der zur See
schiffen möcht, kahnt auf der Weser,
mancher hadert mit dem Sein
und dem Ich. Und du, mein Leser?

Der Regenwurm

Ein langer dicker Regenwurm
geriet in einen Wirbelsturm,
der trug ihn bis zum Himmel.
Nun dient er oben, nein, wie fein,
dem allerliebsten Engelein
als Klöppel einer Bimmel.

Hirngespinst

Eine runde weiche Sache
ist das Hirn bei Frau und Mann,
und es ist nicht auszudenken,
was man damit denken kann.
Aber leider kennen viele
nicht den Wert dieser Substanz:
Hilflos gehen sie durchs Leben
wie ’ne Katze ohne Schwanz.

Das Grosse Los

Wie mans auch dreht, wie mans auch nimmt,
das Los ist uns vorausbestimmt.

Wir wissen nicht, was kommt, was geht,
wie mans auch nimmt, wie mans auch dreht.

Wie mans auch dreht und nimmt und zieht,
wir wissen nicht, was uns noch blüht.

Das Große Los blüht uns nicht oft,
wie mans auch dreht, nimmt, zieht und hofft.

Ein Pianist spielt Liszt

O eminenter Tastenhengst,
der du der Töne Schlachten lenkst
und sie mit jeder Hand für sich
zum Siege führst, dich preise ich!

Du bist ein gottgesandter Streiter,
ein Heros, ein Akkordarbeiter.
Im Schweiße deiner flinken Finger
drückst du auf jene langen Dinger,
die man gewöhnlich Tasten nennt,
und die, grad wie beim Schach, getrennt
in Schwarz und Weiß ihr Dasein fristen,
als Requisit des Pianisten.
Doch nicht nur deiner Finger Schwielen
brauchst du zum Greifen und zum Spielen,
nein, was man meistens gar nicht glaubt:
Du brauchst dazu sogar dein Haupt!
Mal fällts, als ob du schlafen musst,
auf deine stark erregte Brust,

mal fällts mit furchtbar irrem Blick,
so weit es irgend geht, zurück,
und kommst du gänzlich in Ekstase,
hängt dir ein Tropfen an der Nase.
Und hast du endlich ausgerast,
sagt sich der Hörer: Liszt – not last!

O eminenter Tastenhengst,
der du der Töne Schlachten lenkst
und sie mit jeder Hand für sich
zum Siege führst, dich preise ich!
Und jeder Hörer merkt alsbald:
Du siegst mit Liszt, nicht mit Gewalt!

Zwei Kröten

Zwei Kröten weiblichen Geschlechts
lustwandeln durch die Heide,
die eine links, die andere rechts,
und Warzen haben beide.
Doch trotz der Warzen gehen sie
vergnüglich ihrer Wege
und lachen heimlich über die
moderne Schönheitspflege.

Mond über der Stadt

Ich hänge am Himmel und scheine – – –
Was soll ich auch anderes machen? ...

Die Stadt ist zu schnell,
zu laut und zu grell – – –
Neulich hielt mich eine ältere Dame
für Lichtreklame!

Wärs nicht so traurig, es wäre zu Lachen ...
Manchmal schießt man nach mir; doch die meisten
der weit gereisten
Raketen gehen daneben
und lassen mich leben.
Eben.
Eben kam wieder so eine – – –

Kein Pärchen mehr, das sich in meinem Lichte
umschlingt.
Kein Dichter mehr – außer diesem hier –, der
mich besingt ...
Ich frage mich, was ich hier oben eigentlich soll!
Man nimmt, auch als Vollmond, mich nicht mehr
für voll.
Wem soll ich noch leuchten? Wen soll ich
bewachen?

Ich hänge am Himmel und scheine –
gar keinen besonderen Eindruck zu machen ....

An einen Hamsterer

1946/47

Es ist bestimmt in Gottes Rat,
dass man für jede böse Tat
muß leiden.
Da hast du nun mit Müh und List
gekriegt, was nicht zu haben ist,
doch wie gewonnen, so zerronnen:
Dein Hamstern kommt ans Licht der Sonnen.
Du wirst, fühlst du dich auch verletzt,
geschnappt, verhört und festgesetzt.
Das ist der Fluch der bösen Tat,
dass man vom Liebsten, was man hat,
muss scheiden.

Das Märchen vom Muselmann

Es war einmal ein Muselmann,
der trank sich einen Dusel an,
wann immer er nur kunnt.
Er rief dann stets das Muselweib,
wo es denn mit dem Fusel bleib',
denn Durst ist nicht gesund.
Und brachte sie die Pulle 'rein,
gefüllt mit süßem Muselwein,
dann trank er
und trank er,
hin sank er
als Kranker,
bis Gott sei Dank er
unterm Tische verschwund.

Die Fliege

Eine Fliege flog zum Flügel,
huschte leis über die Tasten,
um dann auf dem „gis“ zu rasten.
Doch nur zwei Sekunden währte
dieser Aufenthalt, dann kehrte
sie zurück zu ihrer Sippe
und erzählte unumwunden,
sie hätt' den guten Ton gefunden.

? ? ?

Warum heißt bloß das Eichhorn „Eichhorn“?
Denn weder hinten, geschweige vorn
hat es ein Horn oder dergleichen,
auch sieht man es nicht nur auf Eichen.
Ein Wort erscheint und tritt in Kraft,
sein Sinn jedoch bleibt schleierhaft.
So lässt mich noch etwas nicht ruhn:
Was hat der Mensch mit „Mensch“ zu tun?

Das Schloss

Papst Paul war gestorben vor vierhundert Jahren
und ist dann, wie üblich, gen Himmel gefahren.
Und als er dort oben gut angekommen,
da hat er den güldenen Schlüssel genommen.
Es ist ja bekannt, dass früher und itzt
jeder Papst einen Schlüssel zum Himmel besitzt.

Doch siehe, der Schlüssel, der wollte nicht passen.
Der Petrus hat trotzdem ihn eintreten lassen
und sprach (sein Antlitz war bartumrändert):
„Der Luther hat nämlich das Schloss verändert...!“

Der Schmetterling

Es war einmal ein buntes Ding,
ein so genannter Schmetterling,
der war wie alle Falter
recht sorglos für sein Alter.
Er nippte hier und nippte dort,
und war er satt, so flog er fort,
flog zu den Hyazinthen
und guckte nicht nach hinten.
Er dachte nämlich nicht daran,
dass was von hinten kommen kann.
So kams, dass dieser Schmetterling
verwundert war, als man ihn fing.

*   *   *

Freunde, hütet euch vor diesen,
die da husten, wenn sie niesen! ...

Singe, wem Gesang gegeben

's ist Nacht. Auf meines Daches Zinnen wandelt
ein graues Säugetier in stolzer Pracht.
Dass es sich hier um einen Kater handelt,
das haben Sie sich ja wohl schon gedacht.
Er singt ein Lied. Er lässt sich das nicht nehmen,
und weder Ringelstern noch Morgennatz
verfassten es. Er zahlt auch nicht Tantiemen.
Er singt – und was er singt, ist für die Katz!

Der Frühling

Wie wundervoll ist die Natur!
Man sieht so viele Blüten,
auch sieht man Schafe auf der Flur
und Schäfer, die sie hüten.
Ein leises Lied erklingt im Tal:
Der müde Wandrer singt es.
Ein süßer Duft ist überall,
bloß hier im Zimmer stinkt es!

Der Pflasterstein

Es liegt ein grauer Pflasterstein
auf der Chaussee, doch nicht allein;
denn wenn allein er läge,
dann läge er im Wege;
doch so, inmitten anderer,
erfreut er alle Wanderer.
Anstatt ihn dankbar nun zu grüßen,
tritt man mit Füßen ihn, mit Füßen ...!

Die Mitte

Ein kleines Verslein kam gegangen
und hat zu sprechen angefangen:
„Ich bin an deinem Tisch gewesen
und hab dein Manuskript gelesen:
Der Anfang ist ein wenig schwach,
dafür lässt dann das Ende nach.
Ich sei, gewähr mir diese Bitte,
in deinem Buch deshalb die Mitte!“

Blasphemie

Eine gräulich schwarze Fliege
sitzt dort rechts auf der Tapete,
putzt die Flügel und das linke
Mittelbein. – Ich lese Goethe.
Und wie klein erscheint mir dieser
immerhin so große Goethe
neben meiner schwärzlich grauen
Fliege dort auf der Tapete.

Der Einsame

Einsam irr ich durch die Gassen,
durch den Regen, durch die Nacht.
Warum hast du mich verlassen,
warum hast du das gemacht?
Nichts bleibt mir, als mich zu grämen!
Gestern sprang ich in den Bach,
um das Leben mir zu nehmen;
doch der Bach war viel zu flach.

Einsam irr ich durch den Regen,
und ganz feucht ist mein Gesicht
nicht allein des Regens wegen,
nein, davon alleine nicht.
Wo bleibt Tod in schwarzem Kleide?
Wo bleibt Tod und tötet mich?
Oder besser noch: uns beide?
Oder besser: erst mal dich?

FERNSEHEN

Damit man sähe, was man höre,
erfand Herr Braun die Braunsche Röhre.

Wir wär'n Herrn Braun noch mehr verbunden,
hätt er was anderes erfunden.

Zur Pause

Ich sag es ehrlich, oft geschahs,
dass ich im Leben was vergaß;
doch manches wiederum indessen
vergaß ich leider zu vergessen.
Was ich mit Recht vergessen sollte,
war, dass ich noch was dichten wollte.
Deshalb, o Muse, fleuch nach Hause,
ich mach jetzt

ZEHN MINUTEN PAUSE

Himmlischer Käse

Der Mond hing neulich oben
wie 'n Camembert,
genauso gelb und schimmlig
und rund wie der.
Doch wie ich heute hinguck,
seh ich, o Schreck,
da ist er gar nicht rund mehr,
ein Stück ist weg.
Es haben sicher Englein
an ihm genascht!
Dass so was Englein dürfen,
das überrascht.

An Rolf

Du warst ein treuer Kamerad,
so treu, wie er im Buche steht.
Wir bummelten und spielten Skat,
dann wurden wir vom Wind verweht.

Dann wurden wir vom Wind verweht,
allein, ein Freund bliebst du mir nicht.
Ich wurde ja auch nur Poet,
du aber bist beim Amtsgericht.

Ihr Drang

Für das Theater schwärmt sie schon
seit ihrem zwölften Jahre,
da sah sie nämlich „Romeo“
von W. Schakespeare.
Und weil ihr Drang zur Bühne groß,
groß wie der Himalaja,
drum kauft sie sich für zwo Mark zehn
das Buch „Die Bühne Maja“.

In vier Zeilen

(Zweite Folge)

Ich denk nicht gern an jenen Kuss,
den du mir gabst, Helene;
denn wenn ich an ihn denken muss,
dann werd ich müd und gähne.

Nach Schluss der langen Oper hörte
ich neulich folgende Kritik:
„Was mich an dieser Oper störte,
das war der Schwan und die Musik!"

Es dürfte keine Steuern geben,
kein Zahnweh, keine Schützengräben,
dann wär auf dieser Welt das Leben
vielleicht noch schöner als wie eben!

Ich kanns bis heute nicht verwinden,
deshalb erzähl ichs auch nicht gern:
den Stein der Weisen wollt ich finden
und fand nicht mal des Pudels Kern.

Man gab uns mancherlei auf Erden:
Zum Denken gab man uns die Stirn,
man gab uns Herz- und Leibbeschwerden,
doch auch den Himmel und den Zwirn.

Sie dienten mir gerne bei jedem Gedicht,
die Substantive und Verben,
doch heute gehorchen sie mir leider nicht –
ich möchte am liebsten sterben.

Mal trumpft man auf, mal hält man stille,
mal muss man kalt sein wie ein Lurch,
des Menschen Leben gleicht der Brille:
Man macht viel durch!

Ein Traum

Ich schlaf nicht gern auf weichen Daunen;
denn statt des Märchenwaldes Raunen
hör ich im Traume all die kleinen
gerupften Gänschen bitter weinen.
Sie kommen an mein Bett und stöhnen
und klappern frierend mit den Zähnen,
und dieses Klappern klingt so schaurig ...
Wenn ich erwache, bin ich traurig.

Gedanken am Samstagabend

Im Wasser schwimmt der Gummischwamm,
denn heut ist Samstag, und ich bade.
Zwei Zähne fehlen mir am Kamm,
es duftet laut nach Haarpomade. –

Das Wasser tropft ins Abflussrohr,
der Stöpsel scheint nicht gut zu schließen.
Ich habe Seife in dem Ohr
und Hühneraugen an den Füßen. –

Das Wasser ist schon stark getrübt,
nur mühsam wälzen sich die Fluten.
Ich bin seit vorgestern verliebt,
da hilft kein Blasen und kein Tuten. –

Ein Nachruf

Du warst ein Musiker und Dichter,
ein Maler und Kaninchenzüchter;
doch trotzdem wars dir nicht gegeben,
den eignen Tod zu überleben. –
Wir wollen nur das eine hoffen,
daß dus dort oben gut getroffen!

Sehnsucht

Ich sehne mich nach einem Häuschen
in Bayern oder an der Spree,
ein Zimmer braucht es nur zu haben,
dazu ein Bad und ein WC.
Im Zimmer würde ich notieren,
was ich beim Baden grad gedichtet,
und im WC würd dann das Machwerk
von mir gleich hinterrücks vernichtet.

DREI BILDER

Zwei Bilder hängen, ach, an meiner Wand.
Das eine ist als „Eremit" bekannt,
das andere hingegen
zeigt eine Landschaft nach dem Regen.
Das dritte Bild ist nicht zu sehn,
doch trotzdem ist es wunderschön,
nie würd ich den Verlust verschmerzen:
Das dritte Bild trag ich im Herzen!

Der Fischer

(Frei nach Johann Sebastian Goethe)

Das Meer ist angefüllt mit Wasser
und unten ists besonders tief,
am Strande dieses Meeres saß er,
d.h., er lag, weil er ja schlief.
Und nun noch mal: Am Meere saß er,
d.h., er lag, weil er ja schlief,
und in dem Meer war sehr viel Wasser
und unten wars besonders tief.

Da plötzlich teilten sich die Fluten,
und eine Jungfrau kam herfür,
auf einer Flöte tat sie tuten,
das war kein schöner Zug von ihr.
Dem Fischer ging ihr Lied zu Herzen,
obwohl sie falsche Töne pfoff – – –
man sah ihn in das Wasser sterzen,
dann ging er unter und ersoff.

Beichte

„Warum machst du in Gedichten?“,
fragte mich ein Menschenkind.
„Warum schreibst du nicht Geschichten,
die doch leicht verkäuflich sind?“
Oh, ich habe meine Gründe
für mein Tun – und sprach verträumt:
„Weil ich es viel schöner finde,
wenn sich hinten alles reimt.“

An einen Pessimisten

Jede Sorge, Freund, vermeide,
jedes Weh sollst du verachten.
Sieh die Lämmer auf der Weide:
Sie sind fröhlich vor dem Schlachten.
Ahnst du nicht, wie dumm es wär,
wären sies erst hinterher?

Moderne Sinfonie

Droben sitzet die Kapelle,
festlich und gestimmt ist sie.
Schon ertönt die dritte Schelle –
gleich beginnt die Sinfonie.

Nun wirds stille; denn es zeigt sich
der Maestro, wohl befrackt,
steigt aufs Podium, verneigt sich,
dreht sich um und schlägt den Takt.
Geiger geigen, Bläser blasen,
Pauker pauken, Harfe harft – – –
alle Noten dieses Werkes
werden schonungslos entlarvt ...

Droben schwitzet die Kapelle,
auch der Dirigent hats satt! –
Morgen können wir dann lesen,
ob es uns gefallen hat ...!

Ein Männergesangverein

Fünfzig Herren über fünfzig
sitzen um des Tisches Rund.
Und sie essen und sie trinken
und sie wischen sich den Mund.

Da! Der Vorstand schwingt die Glocke
und es wird ganz mäuschenstill,
denn die Glocke ist das Zeichen,
dass er etwas sagen will.
Und als er genug geklingelt
– ja, das Klingeln macht ihm Spaß –,
steht er auf und spricht gewichtig:
Na, ich denk, wir singen was!
Der Kapellmeister sucht emsig,
wo die Stimmgabel wohl steckt – – –
in der hintern Hosentasche
hat er endlich sie entdeckt.
Und er führt zum Ohr die Gabel
und macht „aaaaah“ – das ist der Ton,

den man nötig für den Einsatz
hat; doch, horch, sie singen schon!
Und sie singen viel von Liebe
und von Sehnsucht und vom Mai,
und elf Verse hat dies Liedel,
und dann geht auch das vorbei.
Müde von der Armbewegung
senkt der Dirigent den Stab,
müde von den tiefen Tönen
wischt der Bass den Schweiß sich ab.
Der Tenor erzählt begeistert,
wie ihm heut das „fis" gelang,
und der Bariton, sich räuspernd,
sagt: „Wie gut ich heute sang!"

Doch dann sitzen alle fünfzig
wieder um des Tisches Rund.
Und sie essen und sie trinken
und sie wischen sich den Mund ...

Vogel und Baum

Man sieht die Lerchen mit Gesang
hoch in die Lüfte steigen.
Nur die mit „e“! Die mit dem „ä“,
die stehen da – und schweigen.

Der Stier

Ein jeder Stier hat oben vorn
auf jeder Seite je ein Horn;
doch ist es ihm nicht zuzumuten,
auf so ’nem Horn auch noch zu tuten.
Nicht drum, weil er nicht tuten kann,
nein, er kommt mit dem Maul nicht ran!

Gedanken an der Ostsee

Wie wär die Welt so wunderbar,
umspült vom blauen Meere,
wenn diese Welt, wies einstmals war,
ganz ohne Menschen wäre.
Dann gäbs kein Hoffen, kein Verzicht,
kein Hassen und kein Morden,
und wär bestimmt auch dies Gedicht
nicht hingeschrieben worden.

Depressionen

Gestern war ich noch so fröhlich,
heute hat es sich gegeben.
Gestern schlug ich Purzelbäume,
heute will ich nicht mehr leben.

Solch ein Zustand ist entsetzlich,
mich und meine Umwelt quäl ich;
doch er dauert nicht sehr lange:
Morgen bin ich wieder fröhlich!

An einen von vielen

Als du noch warst, wollt man nichts geben.
Kaum warst du tot, ließ man dich leben!

So ists! – Den höchsten Ruhm erworben
hat man erst dann, ist man gestorben.

In Eile

Kaum warst du Kind, schon bist du alt.
Du stirbst – und man vergisst dich bald.

Da hilft kein Beten und kein Lästern:
Was heute ist, ist morgen gestern.

Lieder der Wüste

1. Die Sonne brütet,
als sei sie ein Vogel,
der auf seinen Eiern sitzt
und schwitzt.

Ein Sandkorn betet.
Es möchte tiefer und tiefer
zu seinen Brüdern sinken
und trinken.

Wie weit ist Nirwana – – – ?

Über die Düne schreitet
ein Leu.
Blickt sich um, als wär er
hier neu ...

Ich muss weiter, denn
aus der Ferne winken
Fata und Mutta Morgana – – –

2. Die Oase träumt im Schatten
hoher Palmen, deren Wedel
leise wippen, leise wippen.

Ein paar tote Menschenschädel,
die schon bessre Zeiten hatten,
liegen rum, liegen rum.

Plötzlich kommen zwei Kamele:
erst ein großes schweren Schrittes,
dann ein kleines leichten Trittes.

Sie benetzen ihre Kehle
mit des Tümpels trüber Soße.

Dann enteilen die Kamele:
erst das kleine, dann das große.*

** Diese Neudichtung eines uralten Studentenulks ist tunlichst am Klavier vorzutragen, wobei das große Kamel durch tiefes „plum-plum", das kleine durch hohes „plim-plim" zu charakterisieren ist. Bei der letzten Zeile empfiehlt es sich, während der Worte „... dann das große" sich vom Klavier zu erheben und wegzugehen. Ein paar lachen dann immer.*

Kleiner Vogel

Kleiner Vogel dort im Baum,
sing doch ruhig leiser;
denn wenn du so weiter machst,
wirst du noch ganz heiser!
Und die Stimme, die du hast,
klingt dann nicht mehr länger,
dann brauchst du ein Mikrofon,
wien moderner Sänger ...!

Das Finkennest

Ich fand einmal ein Finkennest
und in demselben lag der Rest
von einem Kriminalroman.
Nun sieh mal an:
Der Fink konnt lesen!
Kein Wunder, es ist ein Buchfink gewesen.

Das Blümchen

Im Walde ist ein Plätzchen,
ein Plätzchen wunderschön.
Beim Plätzchen steht ein Bänkchen,
das möcht ich wieder sehn.
Beim Bänkchen wächst ein Blümchen,
ein Blümchen, weiß und rot,
das möcht ich gerne pflücken;
denn morgen ist es tot.
Ich wills ins Wasser legen,
bis dass es fast ertrinkt,
und es so lange hegen,
bis Mutti sagt: „Es stinkt!" *

* *Dieses Gedicht „schrieb" der Autor mit sechs Jahren.*

DER SPATZ

Es flog ein Spatz spazieren
hinaus aus großer Stadt.
Er hatte all die Menschen
und ihr Getue satt.

Er spitzte keck den Schnabel
und pfiff sich was ins Ohr.
Er kam sich hier weit draußen
wie eine Lerche vor.

Er traf hier auch manch Rindvieh,
sah auch manch Haufen Mist ...
Er sah, dass es woanders
auch nicht viel anders ist.

Urlaub im Urwald

Ich geh im Urwald für mich hin ...
Wie schön, dass ich im Urwald bin:
Man kann hier noch so lange wandern,
ein Urbaum steht neben dem andern.
Und an den Bäumen, Blatt für Blatt,
hängt Urlaub. Schön, dass man ihn hat!

Ein Volkslied

Wenn ich ein Mundschmiss* wär
und auch zwei Schaufeln hätt,
grüb ich mich ein.
Weil ich kein Mundschmiss bin
und keine Schaufeln hab,
lass ich es sein.

** Vom Volksmund auch „Maulwurf" genannt. Es ist aber unschicklich, ein Maul in den Mund zu nehmen! Auch habe ich den „Wurf" als unfein verworfen!*

Die Maus

Es wollte eine kleine Maus
– im Keller wohnhaft – hoch hinaus;
und eines Nachts, auf leisen Hufen,
erklomm sie achtundneunzig Stufen
und landete mit Weh und Ach
ganz oben, dicht unter dem Dach.
Dort wartete bereits auf sie
die Katze, namens Doremi. – – –

Kaum, dass das Mäuslein nicht mehr lebte,
geschahs, dass eine Fledermaus
ein paar Mal um die Katze schwebte,
zur Lucke flog und dann hinaus.
Da faltete die Katz, die dreiste,
die Pfoten und sprach: „Ei, wie süß!
Da fliegt die Maus, die ich verspeiste,
als Engelein ins Paradies!“

Der Apfelschuss

Der Landvogt Geßler sprach zum Tell:
„Du weißt, ich mache nicht viel Worte!
Hier, nimm einmal die Tüte schnell,
sind Äpfel drin von bester Sorte!
Leg einen auf des Sohnes Haupt,
versuch, ihn mit dem Pfeil zu spalten!
Gelingt es dir, seis dir erlaubt,
des Apfels Hälften zu behalten!“

Der Vater tat, wie man ihn hieß,
und Leid umwölkte seine Stirne,
der Knabe aber rief: „Komm, schieß
mir doch den Apfel von der Birne!“

Der Pfeil traf tödlich – – einen Wurm,
der in dem Apfel wohnte ...
Erst war es still, dann brach ein Sturm
des Jubels los, der 'n Schützen lohnte!
Man rief: „Ein Hoch dir, Willi Tell!
Jetzt gehn wir einen trinken, gell?" *

* *Westfälische Fassung: Man rief: „Der Tell, der schießt ja toll!
Jetzt gehn wir einen trinken, woll?"*

Neues von Wilhelm Tell

Es ist das Ziel eines jeden Schützen:
Der Schuss muss genau im Schwarzen sitzen!
Und einer, dem dies immer gelang
und den schon Kollege Schiller besang,
das war ein gewisser Tell aus der Schweiz.
Er schoss so gut, dass der Geßler bereits
erst in Erstaunen geriet, dann in Rage
und ausrief: „Nanu, das ist Tells Etage!“ *

** Angeblich soll der Landvogt Geßler statt „Etage“ „Geschoss“ gesagt haben – aber dann würde es sich nicht auf „Rage“ reimen.*

Der Vielass

Ach, ein Unglück ohne Frage
ist das Essen, doch bei Tage
kann der Mensch nicht ohne dem
sein, und das ist unbequem.
Durch des Mundes enge Schleuse
zwängt mit Mühe man die Speise,
bis sie – klein und weich zerlutscht –
tiefer in den Magen rutscht.
Bald bemerkt man, nicht erheitert,
dass der Bauch sich stark erweitert,
und mit sauerem Gesicht
stellt man fest, dass das Gewicht
sich bedenklich hat verschoben,
und zwar leider Gotts nach oben.

Moral:
Alles im Leben geht natürlich zu, nur die Hose
geht natürlich nicht zu!

Fussball

Vierundvierzig Beine rasen
durch die Gegend ohne Ziel,
und weil sie so rasen müssen,
nennt man das ein Rasenspiel.

Rechts und links stehn zwei Gestelle,
je ein Spieler steht davor.
Hält den Ball er, ist ein Held er,
hält er nicht, schreit man: „Du Tooor!“

Fußball spielt man meistens immer
mit der unteren Figur.
Mit dem Kopf, obwohls erlaubt ist,
spielt man ihn ganz selten nur.

Schal und Rauch

Und der Rauch der Zigarette
kräuselt sich und steigt zur Decke,
und da oben wird er breiter.

Und nun sieht er deinem blauen
Schal so ähnlich, dem ich zürnte,
weil er das tat, was du ständig
mir verbotest, nämlich dieses:
dich ganz zärtlich zu umhalsen.

Doch nun ist der Rauch verflogen.
Nichts erinnert an den Schal mehr,
höchstens der Geschmack im Munde,
den ich habe, weil er schal ist.

Überlistet

Wenn Blätter von den Bäumen stürzen,
die Tage täglich sich verkürzen,
wenn Amsel, Drossel, Fink und Meisen
die Koffer packen und verreisen,
wenn all die Maden, Motten, Mücken,
die wir versäumten zu zerdrücken,
von selber sterben – so glaubt mir:
Es steht der Winter vor der Tür!

Ich lass ihn stehn!
Ich spiel ihm einen Possen!
Ich hab die Tür verriegelt
und gut abgeschlossen!
Er kann nicht rein!
Ich hab ihn angeschmiert!
Nun steht der Winter vor der Tür – – –
und friert!

Ballade aus Estland

Im alten Schloss zu Wesenstein,
da soll es nachts ganz finster sein.
Warum's dort finster ist bei Nacht,
das hat noch keiner rausgebracht.

Und jede Nacht um Mitternacht
die Turmuhr laut zwölf Schläge macht.
Warum das grad um Mitternacht,
das hat noch keiner rausgebracht.

Ein Dichter, dem mans hinterbracht,
hat hieraus dies Gedicht gemacht.
Warum er dies Gedicht gemacht,
das hat noch keiner rausgebracht.

Kolumbus

Als Kolumbus von seiner Amerikafahrt
nach Spanien heimkam mit Gold und mit Bart
und, hoch geehrt und umjubelt, schritt
durch die Hauptstadt des Landes, nämlich Madrid,
entdeckte er plötzlich da drüben rechts
eine hübsche Person femininen Geschlechts.
Bei ihrem Anblick – was war schon dabei –
entschlüpfte ihm was und zwar das Wort „ei" ...

Seitdem sind die Forscher sich darüber klar,
dass das das „Ei" des Kolumbus war!

Birnen

Birnen sind die schönsten Früchte,
die ein Denkerhirn erfunden;
denn mit ihrem weißen Lichte
schenken sie uns Tagesstunden
wieder, die wir sonst versäumen –
doch sie stören uns beim Träumen.
Deshalb Schluss, wir drehn am Schalter!

Und die Sonne seines Lebens
sucht der arme graue Falter
in der Finsternis vergebens ...

Ein Ostergedicht

Wer ahnte, dass zum Weihnachtsfest
Cornelia mich sitzen lässt?

Das war noch nichts: Zu Ostern jetzt
hat sie mich abermals versetzt!
Nun freu ich mich auf Pfingsten –
nicht im Geringsten!

Ein Zyklus

Der Frühling

Und wieder ist es Mai geworden,
es weht aus Süden statt aus Norden.
Die Knospen an den Bäumen springen,
und Vogel, Wurm und Kater singen:
fidirallala, fidirallala.

Der Herbst

Und wieder ward es Herbst hienieden,
es weht aus Norden statt aus Süden.
Die Knospen an den Bäumen ruhen,
und auch die Kater haben nichts zu tuen.
Rallafididi, rallafididi.

Ein Weihnachtslied

Es ist Weihnachten geworden.
Kalter Wind bläst aus dem Norden
und hat Eis und Schnee gebracht.

Doch am Weihnachtsbaum die Kerzen,
die erwärmen unsre Herzen,
und des Kindes Auge lacht.

Und man sieht auf den verschneiten
Straßen weiße Engel schreiten
durch die stille, heil'ge Nacht.

Die Nase

Wenngleich die Nas', ob spitz, ob platt,
zwei Flügel – Nasenflügel – hat
so hält sie doch nicht viel vom Fliegen;
das Laufen scheint ihr mehr zu liegen.

Die Augen

Die Augen sind nicht nur zum Sehen,
sind auch zum Singen eingericht' -
wie soll man es denn sonst verstehen,
wenn man von Augenliedern spricht?

* * *

Man hat ganz oben auf dem Kopfe
viel tausend Poren, dicht bei dicht.
Und nun – das ist das Wunderbare:
aus diesen Poren wachsen Haare!!!
Oder auch nicht.

Historisches

Vom Alten Fritz, dem Preußenkönig,
weiß man zwar nicht viel, doch viel zu wenig.

So ist es zum Beispiel nicht bekannt,
dass er die Bratkartoffeln erfand!

Drum heißen sie auch – das ist kein Witz –
Pommes Fritz!

Was duftet da?

Was duftet da in Wald und Feld,
dass man ganz dicht die Nas' hinhält?

Was klingelt da in Feld und Wald,
dass es bis ganz nach hinten schallt?

Was leuchtet da so leuchtend weiß?
Wies heißt? Ich weiß: Glöckchen des Mais!

Harte Schicksale

Wer sich mal in die Nesseln setzt,
ist erst erschrocken, dann verletzt,
erhebt sich mühevoll und schreit
nach bessrer Sitzgelegenheit.

Den Nesseln, auch wenn sie schön blühn,
sind weiche Stühle vorzuziehn.
Auf Weichem sitzt man stets apart ...

Nicht weich zu sitzen, das ist hart!

Kurz vor Schluss

Schön ist der Wein, bevor er getrunken,
schön ist das Schiff, bevor es gesunken,
schön ist der Herbst, solange noch Mai ist,
schön ist der Leutnant, solang er aus Blei ist.

Schön ist das Glück, wenn man es nur fände!
Schön ist dies Buch, denn gleich ists zu Ende.

Zum Schluss

Doch nun wär es besser, wenn ich
endlich enden würde, denn ich
seh es schon an euren Augen,
dass mit Müh nur ihr könnt saugen
auf in euch die Geistesblitze,
welche durch die schmale Ritze
meiner Feder bläulich fließen.
Also gut, ich will jetzt schließen.
Pegasus, hau ab, geh äsen! – – –
Und

AUF FROHES WIEDERLESEN

Mehr als zwanzig Jahre nach seinem Tod ist der große deutsche Komiker Heinz Erhardt gefragt wie eh und je – gerade auch bei jungen Leuten. Seine unvergessenen Conférencen sind ein Muss für jeden Comedy-Fan. Seine Filme haben heute Kult-Charakter.
Was ist das Geheimnis seines Erfolges? Wer war Heinz Erhardt wirklich?

Zum ersten Mal geben Heinz Erhardts Kinder Grit, Maria, Verena und Gero Einblick in die privaten Erinnerungsalben ihres Vaters und ihr gemeinsames Leben mit dem Mann, der als „Witwer mit fünf Töchtern" den Prototyp des deutschen Familienvaters verkörperte.

Es war alles in allem ein schönes Leben. Weniger vielleicht für Zipchen und die Kinder, denn ein guter Mann und Vater war ich nie. Umso dankbarer bin ich meiner Familie, dass sie mich meine Schwächen nicht allzusehr merken ließ! (7.1.71: ein schönes Datum!)

Es war alles in allem ein schönes Leben. - Weniger vielleicht für Zipchen und die Kinder, denn ein guter Mann und Vater war ich nie. Umso dankbarer bin ich meiner Familie, dass sie mich meine Schwächen nicht allzusehr merken ließ! (7.1.71 - ein schönes Datum!)